岭上白云轻轻停

到清迈去写诗

程然 著

南海出版公司

图书在版编目（CIP）数据

岭上白云轻轻停 / 程然著. -- 海口 : 南海出版公司, 2019.1

ISBN 978-7-5442-9513-0

Ⅰ. ①岭… Ⅱ. ①程… Ⅲ. ①诗集—中国—当代 Ⅳ. ①I227

中国版本图书馆CIP数据核字(2018)第281023号

LING SHANG BAIYUN QINGQING TING

岭上白云轻轻停 | 程然 著

出　版　南海出版公司　（0898）66568511
海口市海秀中路51号星华大厦五楼　邮编 570206
出　品　北京读书人文化艺术有限公司　www.readers.com.cn
发　行　北京经纬纵横图书发行有限公司
电　话　（010）82605557　邮箱 dsr@readers.com.cn
经　销　新华书店

责任编辑　聂　敏
特邀编辑　张　芹
书籍设计　zoooa design

印　刷　三河市中晟雅豪印务有限公司
开　本　787毫米×1092毫米　1/32
印　张　9
字　数　227千
版　次　2019年2月第1版
印　次　2019年2月第1次印刷
书　号　ISBN 978-7-5442-9513-0
定　价　58.00元

你有痛苦吗？

如果有，你一定有机会看见不一样的风光。
这样的一个小诗集，就献给你。

程然

编剧，作家，纪录片导演

散文集 《莲花次第开放》
《一心一意来奉茶》
《不可戏谑的时光》
《一楣月下窗》
《空山煮茶记》

影视剧 《飞来的青衣》
《大敦煌》
《男人的承诺》
《酸甜苦辣小夫妻》等

纪录片 《12 个爸爸妈妈》
《洪灾之后的人口反思》等

与兰若一起喝茶

内容简介

作者从 2011 年开始，每年都去清迈。之前是自己去，后来带家人去，再后来，朋友们看到她的图文，纷纷跟着去……

她说，每次去到那里，生命就被滋养了。眼睛和心仿佛同时苏醒，开始看到花、叶、池塘、飞鸟，远山近树和变幻无穷的云。有时候，仅仅是躺着，云飘到窗口探头看，句子就跳跃着来找她了。她毫无准备地拿起笔来，记录着瞬息万变却又无穷无尽的那些感受。

在清迈，作者偶遇了无机心的生活，它让经历了失去父亲之痛的她重拾蓬勃，从那里起步，她开始试着写诗。

也有以前散落在生活里的一些诗，她说，不能用语言表达的，藏在诗里，那些说不清道不明的情感，用浓缩的词汇立个碑。

这本集子，一共 90 首诗，分为五个专辑，辑一和辑四是在清迈写的，共 54 首；辑二写自日本镰仓，辑三写自四川雅安。最后一个专辑是散章，是内心遗珠，作者把这些都视作内心的清迈，涓滴汇流成了一个阶段性人生标本。

无人看管

序一

程然的诗，应该直接看正文。

一切序言都该免去。

至于从前顺序读，随机蒙着读，倒着往前读，则各有微妙。因其诗自由，自在。

程然邀我作序，我是非常局促的。

一再要求放在书最后，充作一篇读后感，才不至冒渎诗文朝露上的清洁。

这部集子与汉代的“鱼戏莲叶东，鱼戏莲叶西”……以及民国新诗那些源头处的简洁，无体式却暗合格律的简穆与童真，天机奇趣，草木之美相印。绝没有玩弄禅意，似乎与《呼兰河传》儿童眼中变幻的云是小姐妹。

我臆想程然眼中，着墨处与裁剪处，未尽处，并无不同；诗与非诗，平等无碍。

如程然所说：日可采云　夜可摘星。

感谢诗人给读者以轻云可卧。

我的语言，则属多余。

富大龙
戊戌四月初三
2018 年 5 月 16 日

在那盛满了丰盈的『空』里

序二

明明是程然的诗集啊，我却常常在她的诗句里找到自己，常常有莫名的幸福和哀伤冲出来拥抱心灵，神奇！

穿越喧嚣的城市步向安宁之所在，灯下，生活中的繁芜和杂乱被仔细梳理，长长短短的句子被拭去蒙尘，角落里不肯碰触的委屈也浅吟低唱，经由轻抚，平展了记忆疼痛的褶皱，这是有温度的体恤和慰藉，终于，它露出了孩子般清透的笑容，一切的不公允，统统被原谅。

在这实用至上的时代，诗看似无用，却令局促的生活变得美好。

她云淡风轻吗？不，她和普通女人一样，她要写字谋生，养育女儿，陪伴母亲……不一样的是，庸常的承担如在深海浮潜，她撷取了深海的贝，把那些体会写成了诗。

能写诗，是无时光制约的永恒美。

程然，笔名兰若与晚虫，会写故事，会讲故事。曾经参加四次高考，理转文，文转艺术，终于在摸索中确认了自己的热爱，于第四年得偿所愿，考上了北京电影学院文学系，仅从这连考四年倔强不屈的执着中便可了解，她逐梦而行的坚定信念始自少年，那是一朵敢用青春赌明天的向阳花，无机心，有诗情。

光照耀的此刻
我们都是静默的
那里面装满了一个叫作空的全部
足够丰盈
足够自在

——《紫色》

我了解的程然，是编导，作家；是女儿，母亲。在她诸多作品中，我最爱她如诗的散文，充满着美妙轻盈的节奏感，终于，诗集来了！在这 90 首诗的集册中，她用诗句颂唱青春、亲历生活、描摹悲欢、观照灵魂起落，于不安中倾慕着安住，诗写自身，亦写众生。

她的诗，离生活近！

你可以在她的诗中轻易地看到自己，看到身边人，也一并看到那个善于在素朴情节中陈铺禅意的灵动女子。孩子父母爱人友人，都在；白云远山繁花香茶，都在。在那盛满了丰盈的“空”里，有鲜活广大的五彩画面：她的水星居民和咖啡馆，铁匠爱情和雏菊开满山；她说，我没有老师，没有人可以劝导我的紧张和战栗；她说，把相关的事一件件做好，把无关的事一件件忘掉；她说……无论怎么说，我都了解……

她的诗句里有清晰的成长，沿着那些足印，我随她一起蹦跳着开启心智，有些纠结放下了，有些浮躁在沉淀，有些尴尬和苦痛因分享而释然。

一路向前，森林深处有人在敞亮而率性地欢歌：我们一起生来一起活！

是的，珈
每个人都有自己的怕
敢说再见
敢去承担选择带来的风险
敢正视一直不愿意看的那些不堪
因为你
妈妈要飞跑着成熟

——《飞跑》

因为你，妈妈要飞跑着成熟！

她这样向女儿承诺，她不懈努力，这努力甚至超越了青春年少为理想而死磕到底的痴迷。身为母亲，这一次，她格外谨慎，非常小心，没有给自己再一、再二、再三的宽容，必须一矢中的，毫无偏差地把自己射向成熟。

成为一个成熟的女人，于她，于珈，于这个世界，是多么重要多么有意义的事！

我们一再远行
是为了回家
我们知行知止
是为了无羁无绊

——《我与我周旋久》

我把程然的诗集用 A4 纸全部打印出来，72 页，先睹为快。画出喜爱的句子，用不同颜色的笔标注，甚至在诗文空白处写下即时感受，写下因诗引发又与诗文无关的思绪……
被诗的魔力忽远忽近地包围着，心中生起一波又一波对写诗美人行踪的好奇与揣测，十年未见，十年间仅凭你织在网上的经纬来感知那只晚虫的忙碌，可是为什么，反而感觉离你如此之近？

岭上白云轻轻停。
在那泉水级清澈坚定的诗里，我找到了自己。

叶丹阳
2018 年 8 月 11 日于北京

目录

目录

辑四　清迈 II

夏天

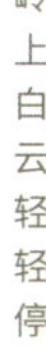

辑一

清迈一

夏天

夏天是什么感觉?
冬天的时候我已经忘了
艳阳在古木间穿梭
花洒在兢兢业业地浇灌
鸟儿振翅
遥远的山路上隐约的车声

……

没有人
没有工业
没有野心
没有蓝图
没有鼎沸的交谈
也没有意见领袖忽左忽右喧哗不休
大人们在蛰伏
孩子们在酣睡
有鸡在踱步
日可采云
夜能摘星

躺在窗前
看那天光明昧在变幻

……

恍惚回到童年
青衣江边
属于我的夏日午后
无人看管
河滩漫漫
是我
独自奔跑在河坝上

……

时间竟然可以那么悠长
我一直在那儿
一直在那一瞬间
一直

拾荒

盛雪的银碗在田间静候
竹叶对云朵倾吐爱恋
土壤裸露着小麦色的肌肤
风让那沉默的万物开始呼吸

我要一间可以看见原野的房子
凭栏就能闻到雏菊的芬芳
我愿骑着脚踏车向早晨问好
捧起每一滴露珠
做成闪光的珍宝

做个拾荒者吧
每天的工作就是邂逅落花
是谁在对我轻声地交代
又是谁在繁盛的密林里低眉
伫立在慷慨的馈赠中
两颊绯红
酝酿诗行

浅笑

有时候
云很低
伸手可及
有时候
它与亮烈的光嬉戏
阴晴不定
有时候
大雁从它身边飞过
一遍一遍
好似有什么话
却欲言又止

雨后，云朵开始爬山
有时候，它又被山的黛色浸染
此刻
它是淡淡的一朵粉
高悬蓝空
像唇边似有若无的浅笑

云，肯定是爱美的
它每天都变换发型
其实
只要是你本来的样子
我都爱慕

天秤座

蕉叶为伞
繁花为幢幡
鸡犬相闻
微风送暖

夜是花猫与爬虫的宫殿
猎户座上弦月
组合排列
去看看你们
成为习惯

闭目
白日聊斋上演
蜘蛛与蚂蚁的王国若隐若现
公主与王子皆奔波忙碌
他们在志异的人耳畔呢喃
是谁在远遁中吐纳
是谁在热闹里被损减
是谁和谁同甘共苦

是谁和谁心意不解

有人在谎言里出离愤怒

有人在动摇中选择再次相信

高调和哀歌

起伏缠绵

……　……

南柯觉醒　众神归位

日已西斜　童音清脆

一切都好　晴雨圆缺

我喜欢你是静谧的
有一点点神秘
有一些些距离
仿佛鸟儿伫立在枝头
恍若天使在演奏

我喜欢你是天真的
那种认真的天真
那种懂得却不倚侍的天真
投身尘埃却不染尘埃
途经繁华却不陷溺繁华

我喜欢你是宽广的
胸怀深远却依然谦逊
目睹掣肘心生悲悯
润物细无声
事过了无痕

我喜欢你是自信的
因为足够自信
秀于林中的那棵树
才能成为惺惺相惜的风景
各有其美
美不相碍

当我们是孩子
看山是山
来自天成
当我们跋山涉水
看山还是山
来自觉察

We love it when you smile
When you smile
You are so beautiful

车在树外飞驰
蝉在窗外合唱
退一步
洞天就在樊篱旁

这是我的秘密花园
少人知晓　无人打扰
店主总是坐在角落里看书
沏一壶红茶
我们彼此遗忘

去年的这个时候
Lisa 坐在我的对面
我写几行字，发一会儿呆
对着花儿痴看
她就给她的儿子织好了毛线帽子

今年只有我
坐在这里

没有邀约　无人守候
一个人的时候　也好
天马行空　信马由缰
没有目的　不为什么
只是这样坐着
啜饮时光

每年的冬天
北方不下雪
天霾得让人窒息
奔赴千里
只为看见这一方蓝
缺席的 Lisa 问我在做什么
我坐在画儿里
亲爱的 Lisa
我不需要买画儿了
此刻
我就坐在画儿里

蝴蝶

毛毛虫是怎样变成蝴蝶的?
嗯……
要有光照耀
要抬头就能看到绿
要有花儿
让她眷恋
要有七彩
每一种颜色都可以画出翅膀
还要有那些很温暖很柔软的情感
譬如青梅和竹马　无猜的相伴
要有等待的心
等待夜幕摇落　群星闪烁
等待光影变幻　晨昏交错
就像大树不是一天长成
时间教会我们慢的结果
我们要去看沧海
以勇敢　以坚持　以智慧　以独特
最重要的
还要深具美德
飞得越远
越知道感恩
那些无暇之笑靨
来自扶持、嘉许和懂得

神仙在开会

凌晨六点
有我不识的鸟儿在叫早
一声一声
清亮幽远

我有两扇窗
一扇对着远山和原野
一扇下面是这个院落里的密径
密径中有时会有过客在那里抽烟
他们大多是我的同胞
来自祖国的五湖四海
他们加入了各种短期游、冬令营
以两天一批的频率更换
他们就像潮汐
早晚抵达簇拥的巅峰

他们看见的世界
一定和我的不一样
我和他们不在一个频道

为了快速地玩和吃
他们起早贪黑　披星戴月
而我迟缓如细嚼慢咽的耕牛
日出而作
日落而息
天亮以后
密径里
只有我　盘坐冥思

每天傍晚　我和珈
都会如约去看星
昨晚星星藏在了云朵里
那孩子指着云说
妈妈　每一团云朵里是不是都住着一个
神仙
我说是
你看有时候云朵在爬山
那是神仙要开会
小飒蜜说

神仙在开会

我姥爷程宝贝就是神仙
他在最好看的那朵粉色云里保佑我们

我们还发现了花猫一家
黑白相间的花猫是妈妈
她生下了小黑和小白
黄昏的时候
她们仨蹲守在灌木丛里
我既忘了带面包
也忘了带相机
我们把矿泉水倒在落叶里
轻手轻脚地离开
夜半，女儿梦呓
你们渴吗　饿吗　热吗

能懂得顾惜
多么好

我在此地没有事儿
没有睡不着的理由

也就没有睡不着的结果

只要我来

巨大的安宁便会席卷我

我一个人开车

运送老小

一个人劳作

不言不语

一个人读书

会心微笑

别怕

别怕

月亮在云彩里散步

星星在眼睫上栖息

风铃木垂下来秋千

它带我来找你

马达声是过路的沸腾

着急的人不会发现任何隐秘

只消静静地等那么一会儿

风会重新捎来安宁的消息

别怕

神象在散步

你们还在
山脚下的旷野
一棵开花的树
几簇闪闪灭灭的灯火
神象家族散步

你们还在
谦恭有礼的笑
蓝调的钢琴曲
低声交谈的老年夫妻
稻草人默立

春耕秋收挂在墙上
麦穗儿为帘
蝴蝶兰加冰
一池湛水如旗招展

有人知道很好
知好而珍视
人不知更好
好要留给知己相看

因为你
枯叶像害羞的姑娘
被迟来的爱情唤醒
她努力地复活了
叶脉透明
来路清晰

因为你
绿色有了许多好听的名字
翠绿碧玉青黛蓊郁
绿像一部女性的成长史
层峦叠嶂
粼粼熠熠

也因为你
滚落的汗珠仿佛钻石
一地的树影似碎玉
勾了金边的竹屋
如同天外来客
炙热如谜

这些日子

珈总在说跟你有关的话题：

灰有翅膀吗？

它为什么会跳舞？

妈妈我来的时候你是不是打开了手电？

今天月亮没来上班

她是不是变成了那颗最亮的星星？

夜是个怪兽，它最怕的是灯……

你是造物主最好的恩典

是点石成金的魔法棒

是沉默喑哑的万物之解人

是神性的温暖的安顿的

那只手

那个怀抱

那句滚烫的话语

……

……

铁匠的爱情

铁匠一定是遇见了一个美丽的 Lady
他把打铁的铺子腾出来瞭望
每天黄昏
造访的那一池碎金
好似 Lady 摇曳的长裙
为了更快地接近
他拆了栏杆
焊成了滑梯

酷爱机车和黑胶唱片的铁匠
挂上了纯棉的窗帘
用风扇洒出雨丝
他安了镜子、门楣及窗框
每一处都为了取景
只等待 Lady 莅临

没有人知道铁匠的心事
他们都活在各自的世界

他们在这里

巧笑嫣然

闭目遨游

相期云汉

窃窃私语

只有一池碎金悄悄微笑

那温暖的湿润的并不粗砺的一切细节

皆来自一颗爱着的心

紫色

我是莽撞的人吗
在露珠儿还没睡醒的清晨
误闯蓝花藤和山牵牛的家
脚步放慢　足音轻悄
我按捺住怦怦的心跳

紫色的小花儿们
那么努力地盛放
仿佛时间不存在
凋落不存在
告别不存在

光照耀的此刻
我们都是静默的
那里面装满了一个叫作空的全部
足够丰盈
足够自在

风过境的时候
紫色又灵动起来

她们飘摇生姿
深邃神秘
自美自足

我一定是被宠溺的人吧
竟然可以坐在你的一畔
凝视你的好
倾听你的心
体会你的平静从容
感受你的明媚富饶
……
……

云唤醒眼睛
风是午餐
叶子沁入大地画上年轮
有人在铃鼓声中起舞
有人在窗楣下闭目

艾尔萨
请你原谅我
稻田旁的玉兰花开得正好
你愿意出来和我一起去看花吗
童话里的小女生鼓足勇气在道歉
笃笃　笃笃
那是凋落的丝光木棉在敲门

是谁在夜里写下旋律
是谁在聆听时一知半解
我们萍水相逢
不曾问好　无从告别
却前后留下印记
那记号才是完整的作品
完成时无人察觉

岭上白云轻轻停

微风吹稻浪

一苇可过江

有璋有玉

山和水成为神

我又怎么敢轻言一个好字

因为你

你不在之处　美仿佛浪掷

也因为你

你在之处　美熠熠生辉

时间的怀抱

下午三点
七叶树遮住了艳阳
我得着了一张草席
像个奔徙了太久的旅人
轰然倒下
落叶在身边惊飞

你的怀抱
竟然是这样的暖

云被风吹着
忽而穿林打叶
忽而四散成花
在这里
天是永恒的君王
楼真的是甘于本分
它们以谦卑的身姿
匍匐在你的怀里
不多争抢一点不属于自己的空间

有时候我也在想
我要怎样才可以留下来

安住
来不得一点点妄心
那些觥筹交错的耳朵
能听得见
空山里的雨声吗
那些热气蒸腾的眼睛
能看得见
微观世界里的斗转星移吗
哉焉焉
这是这里的咒语
所有的人都在微笑着等
等待西风漫卷
等待稚童过街
等待守礼有序
等待时间给予的优雅和从容
他们说
慢慢来
不要着急

祝祷

是打翻了五味瓶?

是游进了七色海?

你深邃而神秘

霸道又刁蛮

调遣群芳

流金溢彩

你从来不想万一落空的后果

你说

莎拉贝尔

天塌下来　有地接着

不要发愁

你如此分明

怀揣热烈

奔赴桑间濮上

为了达旦之欢背负骂名

你决不走中间道路

暧昧从来都与你无关

祝祷

我好吗？

你认真地问

睡着以后，我的爱与恨就都可以忘掉

你需要祝福

我知道

是的

你是远山是深潭

是百花怒放是白云出岫

是克服了羞怯的女孩儿仰起的脸

是令人向往的曼妙而餍足的高原

你的心如此年轻旷阔

愿你永不畏惧

愿你深刻

愿你简单

岭上白云轻轻停

更深露重
有人未眠
夜这么长
有什么心事在辗转反侧

带着蒲公英和风信子来找我吧
萤火虫会给你带路

谈谈远方的天气
谈谈春天的决定
或者什么都不说
相对无言

为了这次出行
你筹划了很久
岭上白云轻轻停
你在每一个想去的地方插上红旗
想到能在守序而人少的地方飙车
你忍不住要笑出声来
就在出行前的一个小时
万事俱备的你接了一个长途

于是
彩云易散琉璃脆

“我不能和妈妈在一起
我和她要一人一个房间”
你爱着的
捆绑着你
你恻隐着的
也正损耗着你
她恐惧着的
你坐视无策
令你窒息的
也令你不致失重

那位妈妈
据说不能在外面吃饭
她不再相信自己的牙齿可以咬碎食物
于是随身的行李有一个蔬果搅拌机
还有一位妈妈
她的老伴儿走了以后她就开始晕车
先开始是车开了以后晕

岭上白云轻轻停

后来是看见车就晕
带母亲出游
母亲只是住在离家千里的酒店里
足不出户

你奋勇地安排好一切
躲进了熟人见不到生人不相识的城堡
妈妈的难题
是对生老病死深深的恐惧
而你的难题
是这个一直以为生活亏欠了她的妈妈

我们曾经那么地优雅
那么地迷人
那么令爱的人颠倒
但我们现在就是这么地狼狈
这么地捉襟见肘
这么地满腹心事欲言又止

岭上白云轻轻停

其实盛宴
从冬天就开始了
我们一样
每一天
都要背负着重轭
去寻找花冠
我们也不一样
长席吝啬
赐你无事忙
长席慷慨
赠我不思量

我们是对开的列车
你努力地演算从未失手的算术题
我写蹩脚的诗歌
一点一点地自我疗愈
列车错身
我们挥手致意
不忙的时候
再见

木房子

阁楼上没有人
无忧花落满了屋顶
彩绳织就的风铃在窗前叮咛
我坐在婆娑的树影里
给你写信

脚踏车和小雨靴
布纽扣和万花筒
一针一线
一桩一件
仿佛时光机在穿梭
锈迹斑斑的童年重新在闪烁

过去有多好
你还在
妈妈还年轻
我不懂事
在你买的书里漫游未来

木房子

那时候

光很暖风很清

远方很远河坝很近

你总是在出差

我们总是在等待

没有你撑腰

家门口总是站满了哭诉告状的小孩儿

是我伤害了他们还是他们伤害了我

我也不知道

你给我表演不喝水也能吃药

给我买来凤凰琴小木琴电子琴

你是灌篮高手

前锋中锋组织后卫都是你

你还喜欢下棋

黑白子儿是油毛毡剪的

你也爱喝茶

毛峰一泡就是一整天

……

你在的日子

家里总是宾朋满座

从四川到山西

你的朋友多得超过我积攒的邮票

冰天雪地里他们穿越整个并州城来找你

眉毛和睫毛上挂着少年时未及言别的雪花

你们热烈地拥抱

互相用力地捶打

从皱纹里辨认青春

……

这个花园真好

它有四间木房子

每一个屋子都这样旧

旧得足够让我想念你

石头佛微微笑

溪流汩汩
深涧隐约
山谷里经行
草原上飞跑

牡丹莲低眉
青稞子飘摇
未完工的窗是白塔里的卷轴画
石头佛在画儿里微微笑

你的心要多柔软
狗儿才可以靠在身边酣眠
你做的每一件事要多宽厚
鸟儿才会站在肩头
毫不防范

走路的时候走路
喝茶的时候喝茶
坐着就是全然地坐着
睡着就是一夜都没有梦来打扰

安娜

安娜据说住在山里
她的餐桌放在田埂边
月升日落
有黛色的峰峦相伴

有人在她的窗外放牧
耕牛帮忙传递情书
她擅长香的料理
那些薄荷南姜和紫苏
由她恣意调度
安娜一定还喜欢香远益清的花儿
重瓣茉莉和鸳鸯茉莉
挂满了枝头落满大地

安娜给废弃的药瓶装上了蜡捻
捡起落叶扎成雨季的凉棚
她惜字如金长发如瀑
她懂得自然必须节约
而时光应该虚度

安娜的追求者一定很多
她家的庭院外面停满了好车
那些拥有一切的人
偏偏被她的一无所有吸引
他们翘班翘课翻山越岭
只为坐在美人儿的身边
饮尽绿色

天要黑了
快点儿走吧
不要迟疑
回到你的习惯里
坐拥虚空很危险
不是每个人都能享有孤独

安娜像个未卜先知的女巫
她催人离去时那么无情
仿佛看穿了我们的一切谎言
我什么都没有

安娜

山川湖海　闭上眼睛都不存在
纱窗壁纸　多余的一点儿我都不要
你们的膝盖和嫉妒
与我无关
你爱上的总是自己的反面
你只是站在岸上打捞溺水的自己

安娜啊
安娜
真相要不要说破
还是给那些在左右里摇摆的人
留一半清醒留一半醉
至少梦里把你追随

不宣

绿做幕墙

蒲扇像花儿一样绽放

凡古老者

我必浅吟低唱

蓝是霓裳

合欢落满了肩膀

你自乡间来

风吹送清凉

檐牙高啄

柚木为梁

枯朽者光荣

时间标本被珍藏

不宣

你是暗送的青木瓜芬芳

是秋千上的笑声荡漾

墙内佳人嫣然

墙外尘嚣其上

低调的优雅真令人爱慕

少为人知的静好

安抚每一寸肌肤

慰藉六根之荒凉

好

需要知音的眼睛

秘而不宣的感情

旗鼓相当的欣赏

好

最需要深藏

素纱禅　五色线

织彩为文寄相思

机杼声声缝罗袍

冰蚕殷勤吐丝缎

框中心意

架上经纬

缠枝莲流落

金宝地尘封

有人描绘历史

有人在人群中垂泪

知己座下无

琴音四海听

自古上神居昆仑

绵延两千里

曰云曰锦

白菅以为席

日月知进退

是谁说的

游子才想家

远离才知好

碧云天是故国

临行密密缝的是你的担忧

愿我恍然多耕读

晴雨从此知来处

找一间向北的房子
读书喝茶
看《聋哑时代》《动物凶猛》
那是苦日子
却闪着光

水泥墙花砖地木板房
太阳亮烈风扇繁忙
白百合一样的灯具古雅
铁莲花开在窗户上
“我没有远大理想
我注定不会过你们期待的生活”
你发布了心声
却被父权的拳头击打得泪眼汪汪

你终日思索考试根本不考的问题
一个人过着局促的青春
“我来看你
……可是我爸马上就下班了
我就说我来是给你送卷子
……”

聪明总是在紧迫下被激发
光芒消失的时候
爱生根发芽

你未被许可时
你和你本来的一切
就是自由的
自由是那样的动人
以至于梦里的呼喊与细语
穿云裂帛　势不可挡

我们在阴影下写字
写出有光的字
我们总是在微笑
因为我们已经历尽疼痛

你看　云在天上不说话
你怎么还在抒情
别废话了
快来找我

一切的开始

皆因一场猝不及防的告别

三月

一年当中最寒冷的日子

有着比冬天更为凛冽的真相需要去面对

雨水是我流不出的眼泪

惊蛰惊动的是赖着不肯长大的晚虫

春分是你们的

花苞也是你们的

我被丢下了

丢进了冰窖一样的真相里

不能发一言

不舍发一言

道长让我写了一个字

茫茫然之间

赤木为株　跳入脑海

他祝福我说

明天如果有人约你去远行

不要犹豫

是的

第二天我就收到了邀请

在飞机上我是唯一束手束脚正襟危坐的人

朋友们喝起了酒

轻声谈笑毫无负担

我是谁

在背着怎样的十字架

夜好深

密林蓬勃电线杂乱

古城里人人欢歌达旦

摆摊的男孩笑容羞涩

然后　你就如同不告而别一般地

不期而遇了

有人赤足在溪流上放灯

一星光亮照耀白荷

那是我内心的花朵

洁净孤僻难以接近

修竹为屋　门窗通透
栖息的人悄悄静静
我把自己放进被单里裹好
有淡淡的花香隐约相闻
闭上眼睛
就能离开他们这个世界
愿我如你一样逍遥
遨游云汉

灿烂的早晨来问好
蔬果和花朵拥抱了每一个人
牛油果芝麻菜菠萝芒果
还有紫色的鸢尾橙色的鹤望兰
色彩纷呈　欣欣向荣
咖啡很好喝
不加奶不加糖
硬朗醇厚
味蕾　知觉　情愫……
在热带雨林之中
一点一点被唤醒

你能相信吗
荒草敝墙之内　华美铺展

什么是真相?
碎为微尘的是谁
辗转反侧的是谁

到热带来取暖
到南方来疗伤
苍穹之下　无一事新鲜
赤木为证　沉默者远游

飞鸟

落叶满坡
晶莹光亮
我要怎样说
才能旧日重现
借景远山　耕牛徘徊
在稻田边跃跃欲试的游泳健将
是我
炊烟袅袅催促着贪玩不归的
是你
一不留神
童年就好像在山坡上坐了落叶铺就的滑梯
一路俯冲
毫不犹豫地离去

就在怔忡的一瞬间
无边落木萧萧下
目之所及
语言乏力
我们花费了整个青春
奋斗到幼时憧憬的世界

在忙碌和拥挤里
谨慎微笑
小心呼吸

直到我们花费更高的代价
远涉重洋
去度一个昂贵的假期
野慈姑飘摇
水车在歌唱
插秧的村民按时在祭祷
落叶随风
落在肩头落在发际
……
熟悉的场景真让人泪目
这就是我曾经的童年啊
曾经是免费的却又是最珍贵的东西
被俯冲的生命所抛弃

去意终折返
雏菊开满山

粉红城市茶馆·给菁

阳光遍洒的早晨
粉色的茶屋
独我一人
茂林之间
我在等你

大吉岭的芳香
阿萨姆的明媚
四溢的茶香
在等你

羽毛之轻盈珠帘之清脆
藕荷式贴心浅淡样温存
都在等你

像小时候那样
我要带你去看我的珍藏

那些隐秘的莲花

那些甜美的滋味

那些执着的刻舟求剑

那些真实的南柯一梦

如同不曾说出的诺言

好似深埋心底的诗句

唯你　能懂

悄匿多少意

不语两相知

有你　真好

我也是

好好的

嗯　你也是

给我一支笔

她突然说

要做什么

我也要写

我想好了句子

不不　是句子来找我

她有些羞涩地笑了

我只是坐在这儿

接住老天给我的话

你知道吗兰若

从法拉盛到曼哈顿的地铁

要一个半小时

如果不练就豹子一样的速度

错过恰好的一班

就要花两小时才能到家

一天有十六个小时在工作和在路上

每一寸光阴都在承载活着的重量

我喜欢太阳照在脊背上
我喜欢在没有人的黄昏独坐
我只是碰巧跟亲人长了相似的轮廓
我奔向我的道途
他们奔向他们的
唯有在这阳光炽热的一刻
我全然确认
我与我周旋久
我却并非是我

是的是的
看见这一刻吧杰西卡
看见泥泞里的坦途
看见泅渡时的闭目
看见骤雨初歇
看见雪霁乍晴
如果我们能够看见

我们就会往而有返

如果我们能够看见

我们就不被时间所占有或者被空间所放弃

杰西卡

我们殚精竭虑

是为了了解身心轻安之道

我们顺流而下

是为了返回源头

我们一再远行

是为了回家

我们知行知止

是为了无羁无绊

蓁蓁之叶　灼灼其华

入冥入想　若坐若忘

拒绝加冰的一切

船泊河岸
骄阳在太息
蝎尾蕉艳丽
紫矿花扑满地

白鱼长出了翅膀
蓄谋很久
飞离池塘
黑蜻蜓停在叶子上
眨眼不见
行踪不明

坐在这里
拒绝加冰的一切
有人来过
恰逢一部分情节

拒绝加冰的一切

光合作用发生在你和自然之间
新陈代谢发生在你和你之间
爱恨交加发生在你和人之间
真相缄默谎言热烈
无论怎样言说
我都理解

我们年复一年
回到河边
回到树下
回到习习凉风吹腋下的热带

远离近忧
远离远虑
唯有此刻风绕旗花萦鼻
黄金芽盛放在杯盏
玉川子好言劝
平生不平事尽向毛孔散

找一间稻草扎成的屋子
好好地道别
这是你们的金字塔
随便什么都可以演绎神话
“我是妈妈你是娃娃”
“你不要吃多零食
一定要好好长大”

仅仅是开了所有的窗户
穿堂风吹乱了头发
你就一直笑啊笑
快乐竟是这样地简单
“你会想念这里吗？”
“不　不会”
“为什么？”
“只要和妈妈在一起　哪里都可以”

誓言如此真
让我如何是好

岭上白云轻轻停

我的每一个决定

都关乎你的全部世界

我该怎么做

才当得起你的投奔

“妈妈你怕黑吗？”

“不怕”

“那你怕怪兽吗？”

“不怕　妈妈什么都不怕”

“不　妈妈　你有你的怕

你怕毛毛虫

其实毛毛虫就是蝴蝶的小时候

你不要怕”

是的　珈

每个人都有自己的怕

敢说再见

敢去承担选择带来的风险

敢正视一直不愿意看的那些不堪

因为你

妈妈要飞跑着成熟

飞跑

岭上白云轻轻停

我在云上写着字

我的云

是个极难拿的姿势

要怀抱婴孩拍摄风景

要忽略柴米油盐

要穿越画地为牢

要粉碎故步自封

当你不被喧闹的价值观影响

当你不被爱困囿

当你不被愿望迷惑

樊篱就消失了

绳索也消失了

时区

我们看见了世界

扎实地活在其间

细腻　深入

是我们与之交集的态度

但我们也一直是我们自己

自由　开阔

属性和标签

从来压倒的都是不自知的人

生活在这里

或生活在那里

最重要的

不是了解时区

而是那个不被时区困扰了解自己节奏的人

浪打心岸
贝叶道晚安
闭目听见潮汐在呼喊
椰林茂盛
孔明灯许愿
大鱼海棠散步在海滩

落英缤纷
蜘蛛百合绽放仙踪林
鹧鸪鸟一声声叫早
格雷伯爵唤醒味觉
是谁在清晨横渡春水

裙袂翩跹
维纳琴悠扬
吉屋在展览

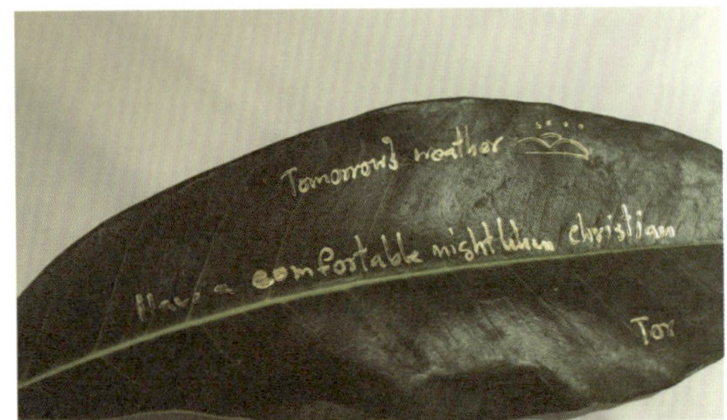
Tomorrow's weather
comfortable
christian
Tor

蓝窗白柱向大海

黑衣人洒扫

绿芭蕉送凉

一帐一席一蒲团

一屋一廊一佛像

远道而来，取到的经文写着

越是宫殿越是朴素

风吹拂过耳

沙砾触碰肌肤

低处心细

高处眼亮

恭敬生出清净

华严来自善看护

我要去海滩

水浩淼波潋滟

大雁影成三

竹木琴金钩月

蝴蝶在破茧

身畔童息浮与潜

遥遥涛声撞耳鼓

人生富贵及神仙

相失因踌躇

我要去海滩

天高海阔

鲲鹏斥鷃各自飞

两两不妨碍

高下不相慕

心无沟壑

眼无梁木

无私无功无惊怖

解忧解闷解缠缚

我要去海滩

垂天之云做我翼

扶摇直上千万里

深林栖一枝

衮河果我腹

径庭之内不越俎

便得高枕逍遥游

睡个整觉到天明

帕那空奇里

山巅有海

云是波心风在劲吹

虬枝白花如澜如涛

目之及处天际杳杳

仆仰之地方寸小

古朴者深沉

典雅者辽阔

王与僧侣

一生之中轮番来做

得与失

毁与誉

依傍与背离

与他无涉

二十七年沉潜

冥想之中林野森森

不赴盛筵

是因为深行在召唤

暹罗玫瑰如澜涛

墙壁是道途
每一次躬身前行
尽未来际皆是浩瀚花海
花儿平凡
常见于海之身侧
其香沁人心扉
其阵仗轰轰烈烈
有人称她缅栀子
有人冠之以印度素馨
其实她是暹罗的白玫瑰

黄袍佛国
因你而新
斑驳宫殿
矗立于城外
热与闹日日更新
风与光永恒沉默

镰仓

山海经

云里有山
云里有绿树
云里闪着金色的光
云里飘动着浅粉的幡

云下面有海
云下面有灯火
云下面藏着盼望
云下面铺展着小小的心愿

云上面有经
云上面有神仙
云上面如露如电无泣无诉
云上面居住着我久违的父亲

云外有文
云外有虚空
云外鸟儿高飞月亮穿行
云外无求不得无怨憎会无爱别离

云聚云散
山海经文
里外上下
了然无痕

童话

是冒险历程

是过关打怪

是道高一尺魔高一丈

是巫师斗法

是精灵集会

是斑斓下的波谲云诡

成人扮演呆萌奋力大笑

孩子簇拥一处冷眼旁观

丛林法则换了卡通人物残酷上演

傲慢与偏见

被侮辱与被损害

装在套子里的人们

排队等待破镜重圆

童话

要解释这个世界很难

公主总被陷害

王子一直痴呆

水晶鞋照彻嫉妒的嘴脸

魔法棒黯然失彩

有人说这些都是童话

在这童话里

斗争竟一刻都没有停歇

寓言投射的是谁的哀怨

我要怎样消化你们的经典

才能讲给那些相信一切的孩子

……

……

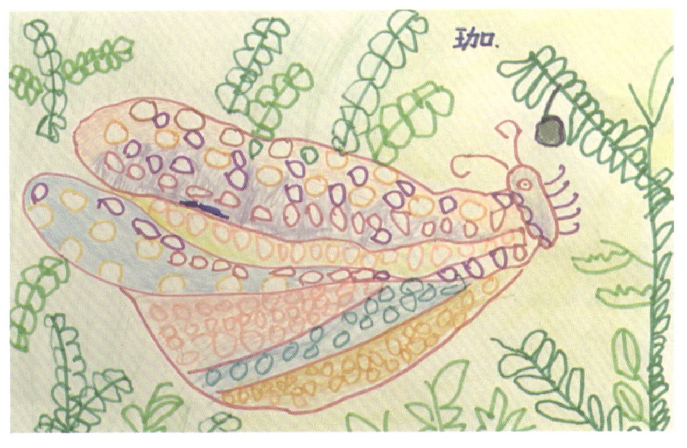
珈.

神话

有月亮有海的夜晚
海滩上放起了焰火
妈妈，给我讲个故事吧
珈摇晃着我的手臂

嗯，从前有位英俊的天神叫后羿
后羿你知道吗
嗯，知道，他射掉了九个太阳，用他的红弩白箭
是的，他为了陪伴妻子嫦娥
决心不再回天上做神
从此做一个只能活百年的凡人……
凡人是谁？
就是我们
人只能活百年吗？妈妈
是的，有的人还活不到百年。后来……
那活不到百年然后去哪儿？
嗯……去我们来的地方。
我们从哪儿来的？
火星吗？还是佛祖那儿？或者姥爷那儿？
对，是的。
哪个对？
你还听不听故事啦？
听，听

后羿希望和嫦娥长相守
就想起了在遥远的昆仑山，西王母那里有不死药……
但后羿收了一个嫉妒心强的徒弟逄蒙……
逄蒙为了当上世上第一的射手
威逼嫦娥交出后羿历尽艰险取回的不死药……
嫦娥情急之中吞药飞升，被迫奔月……

妈妈，吃了不死药也会和喜欢的人分开，对吗？
…… ……
就像嫦娥一直活着，却很孤单
做神仙很孤单，对吗？
…… ……

宝贝，其实，做人也很孤单
吃不吃药都会和喜欢的人分开
但我们还是要好好地活着
无论哪一天，无论在哪里
把一晨一昏看作永恒
把一餐一饭视为长久
就像在此刻
海上明月照清风
就不要抱怨
…… ……

雷声轰传

一窗绿意

清凉消息风来寄

容身地拘泥

极目处细腻

一花一画尽侘寂

江之电

无心庵

甘苦滋味唯心知

白沙为海

碣石作舟

坐酌深潭

煎尘成茶

开窗春樱

闭门冬雪

紫阳星辰

明月前身

岭上白云轻轻停

蝉声响彻了林间

木槿在绿幕中悄绽

小马宝莉按时开演

哪吒们脚踩风火轮呼朋引伴

漂洋过海她带回了十张贴片

我要让我的朋友都有礼物

没礼物的小孩儿也要高兴

为解决这个问题她好为难

夏天很长

夜晚很凉爽

童年那么梦幻

仿佛没有忧伤

水星旅程

父亲走了以后
妈住到了水星的上面
那个星球一定很冷
气温高过体温的时候
她也穿着棉裤

从此
她只关心冷暖
三伏天，她对我说
别吹空调别吃冰棍儿别喝凉的
在热带，她对我说
披件外套吧穿上袜子吧不要冷着

从此
她成了一个孩子
每天都问我
你什么时候回来
别忘了家里还有一个老母亲
尽管我根本没有出门的计划
她怕黑怕深夜怕一个人待着
她说的最多的话

是
你们去哪儿
不要把我撇下

从此
我们去哪儿
都带着妈妈
她在寺院里打瞌睡
在咖啡馆里喝一杯热水
在景点门口的长椅上刷手机
我回头看她
她说你走你的
隔一会儿看看我在不在就好

有时候
我觉得自己心肠很硬
无论水星上的居民
说出怎样催泪的话
有着怎样让人心碎的表情
提前预演怎样让人惊悚的戏份
我都特别平静

妈妈赐予我的内疚
就是我的十字架
每一天
它都在以温柔的执拗在试探我
我不动感情
回之以平静

我不吐槽
不说生活每一天都不容易
我不讲述自己的事
我总是装作若无其事

然而我知道
所有我们一起走过的路
我都不敢独自踏上第二次
那些路上重复的叮咛
那些对生命的紧张和对死亡的恐惧
那些脆弱的微笑
洒满了我们共同的旅程
那些路
都是里程牌
记录着我不动声色的伤痕

暑假

夏天也很好

在热里不声不响

听耳朵后的汗珠滴答在尘埃

西瓜冰在瀑布下

汲来泉水煮一壶氤氲的热茶

夏天多好

困乏的小孩儿在母亲的臂弯里酣睡

蒲扇落在地板上

夏花茂盛在层峦一般的绿里

蚊香记录着午后光阴挪移的每一寸

夏天真的很好

跳舞的人解放了身体的桎梏

所有的努力都与地心引力相反

相反的力驱赶着酷暑带来的燥闷

帘子后面藏着银铃

迎面吹来了凉爽的风

辑三

雅安

再看一朵云

我就去睡觉

然而　有云之处总会有颠簸

我下的决心

总要经受一路的考验

我们像月亮一样穿行在云里

才发现

云里除了云什么都没有

或者

就是我的肉眼看不见

河山和人间

都是那么远

那么美好

那么危险

又那么让人想念

我们一次又一次地离开家

高高在上地俯瞰那些困住我们的地方

我们看见黑暗里的狂悖和羞愧

与光亮里的荒诞不经
一样渺小
我们听见沉默的呼喊
与猝不及防的诉说
一样无声

紧箍咒不存在
十字架不存在
完整不存在
破碎不存在
你以为重要的不存在
你以为不重要的也不存在

云不说话
云在排队路过
云在变幻
云不知笑与痛

岭上白云轻轻停

三
雅
安

青衣江记事

远涉千里来看山
远山如青
远山亦如黛

夜阑卧听雨成河
浊浪是你
清流亦是你

有人在江边吹起了笛子
老者散坐在石阶上沉默
摸鱼的小孩儿像我昨日的伙伴
他们晒得黝黑
汗流浃背
大声笑着

竹椅子木头桌子摇头的电扇
倾盆雨里吃一顿火上浇油的饭
再喝一杯投茶量慷慨的甘露
苦中有辛
苦中有乐

绿掩映了热
绿成荫成伞盖
绿是雨篷
绿润物细无声
在无边无际的绿里
看山听河

宁雅路

宁雅路

不到六点
鸡就在窗外的山上叫了
那个时候天还没有亮
我还睁不开眼
有几个句子醒了
跌跌撞撞地来找我

我的童年在一小时车程外的坝上
我的暮年在一小时航程外的热带
我认识的人在城里
而此时此刻
我在此地

十五的前一天
月亮在路牌上方的云雾里伫立
它在看我
但它不说话
只有不说话
才能隐匿

那个路牌是我命运的指示牌吗
向右是那条江

向左是此地
此地嵌进了我的名字
没有什么不安心的
圆满总是以遗憾的样子出现

最不吝啬吐露誓言的是孩子
“我哪里也不去
我要和你在一起”
我却没有回答

我要我们每一个人
都自由
有告解和沉默的自由
有归来和离开的自由
有奔跑和止步的自由

抱残守缺
一直是给追求完美的人准备的
唯有不做什么
才令做什么熠熠生辉

诗不撒谎
它是真话分行
那些有重量的字句
足以让接不住招的人惊惶

“不以生的高傲冒犯他们
不比他们更生机蓬勃”
这是博尔赫斯的慈悲
很多人消失在你的视野里
是为了让你安心

属于你的人间那么窄
窄到只能容下你鄙夷的人
簇拥了很多情感
你却还是孤闷

为什么
美可以那么霸道地横陈

为什么赞美那么难以启齿
为什么更新生活的人都是他人
而感叹荒凉的总是你

不要比较
因为你不知道
貌似轻松的人们穿过了怎样的荆棘之路
除了你能看到的那些
你不知道
他们的一切

愿你发现你的生活
从此不再羡慕旁人

山断晴雨
云雾迤逦
午后的河堰染了赤发
美人蕉旁的玉米地枯荣几畦

受伤的知了在桥头艰难地翻身
叮叮猫在无人的蓝莓园里停停靠靠
妈妈年轻时匍匐前进才能走的独木桥
如今一个人也能过得颤颤巍巍

山定忐忑
风送来青草的消息
雨丝敷面
滋润着晾晒过度后的伤痕

你晚上睡得好不好
会不会像孔明先生那样梦见周公
周公有没有帮助你解梦
告诉你世上没有什么比流言更让人恐惧

你在不在
我还活着
你在哪里
我在这里
清净心即是禅
不动摇即为尊

岭上白云轻轻停

因为爱她

才知道你有多爱我

所有的付出

没有想过得失

因为空白

才知道我曾经拥有的

有多富足

沉寂下去的是声音

生动的是闪亮日子

岭上白云轻轻停

《西游记》有八十一章

每一章都是一劫

有些关口是你的

有些是我的

属于你的任务你皆已完成

属于我的还在慢慢水落石出

礼赞那些慷慨的陪伴

礼赞那令人心疼的告别

礼赞同行时的雀跃

礼赞后知后觉的这满满的感谢

青面兽已去取经

流沙河边徒留后来的人

时光会抹去所有的存在

但这一刻

我敬你的茶

是永恒

辑四

清迈二

归

一

我要走了

朋友来送我

她们都知道你

朋友说，去她那里写诗给我们看吧

二

躺在家里

我就能看到云

矮窗之外

没有高楼

只有辽阔的天和变幻无穷的云

花儿唤醒眼睛

鸟儿唤醒耳朵

云唤醒窗

你，唤醒我

我是云的迷妹
午后，天就是她的舞台
有时候，她是山的蓝色顶戴
有时候，她是虹之衣裳霞之帔
不看她时，她在窗外殷勤探顾
瞥她一眼，她碎为微尘化作莲

三

Hey Jude
Remember to let her into your heart,
Then you can start to make it better.

有人在光里唱歌
有人在光里安坐
怕黑的人到北方找白昼
怕冷的人到南方找热

唯有远离那些雄心
我才真实地活着

岭上白云轻轻停

四

云作枕，风传信
香草美人为近邻
鸟儿栖息在牛背上
车声喧闹在篱笆外
紫跃然枝头
绿沁入字里行间

扶栏望远
有飞机在奋力爬坡
我凝神痴想
这样的地方
怎么还会有人舍得
离开

紫荆

密林深处

赭色安静自处

风让花儿的芬芳变得神秘

一夜的雨

叶片油绿

空气清甜

无煎无迫无蓝图

唯有一呼一吸心意足

是谁在穿梭

美萍河从来都不是那一个

之前在树下睡觉的

已不是我

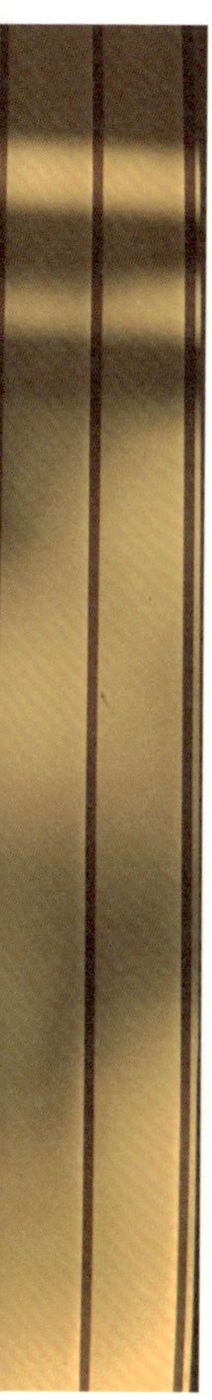

时光

是我付出的时间

是你给我的光

无论我是谁

无论我正途经哪一条路

我总是在这里

在这一刻

绿野仙踪

青苔地　水雾帘

窗外好河山

执草木为笔

画幻影流动

居牛角之尖

望葱茏林野

泥墙花砖辛辣酸甜

一切用心皆为尊重

夜来临前的那一刻

云谢幕的时候
光替她道不舍
粉蓝色的翅膀金色的流苏
一点一点地沉没在远山

远山也在谢幕
光把他绵延的轮廓细细勾勒
暮霭铺洒层峦
或青或黛或蓼蓝

地面上有灯火亮了
飞机如倦鸟正在徐徐降落
它们熠熠闪耀
与天上的星辰辉映芒泽

日月经天　江河行地
人得安宁　清凉之所

白色咖啡馆

是深潭中倒映的云

是银杉上披挂的雪

是烈日下拂动的纱帘

是墙壁上西斜的光阴

斑驳

纯净

丰盛与归零

哪一个是你

哪一个又不是你

承载所有

清空一切

不染亦不执唤作白

远聚

找一棵河边的大树
听叶子落下的声音
气定　神闲
看水鸟飞拂

目不暇接的甜点令人瞠目
还有那么多来不及分享的地图
我们总要奔徙这么远
才能过一个安静的下午

在人人心虚的都市
焦虑在传染
开车在人人着急的路上
没事儿的人也会变得着急

小宝说得多好
黄昏的时候蚊子会醒
天黑的时候月亮会爬上树梢
没有什么值得透支我们的平静

把眼睛交给脚下
把我们交给时间
把相关的事一件一件做好
把无关的事一件一件忘掉

给Lisa

你在该多好
咱俩喝一杯
罗望树下盘腿坐
草丛地里雁南飞
夜凉不添衣
好话暖肠胃

做完分内事
无处话凄凉
人生奔赴一场场
中间停歇这么长
聚时须尽欢
寂寞是真相

你画金缕衣
当知少年时

最贵是此刻

能知即珍视

勿令秋风悲画扇

莫使金樽与月两相亏

君来我未来

我在你不在

刻舟求莫邪

莫邪不复归

江月惺惺印

一杯且还酹

安居

庆典在街市上

平常在屋门里

煮水　洒扫　静心

读诗　写字　端坐

云河浮岚山

明月隐高树

哪里都不用去了

有茶就好

晨坐

栖身之地方寸之间
放眼之处洞天开阔
味蕾需要的
眼睛更需要
果腹是初级渴慕
六根被善待才是又一峰

坐下来的时候
这颗心便苏醒了
闭目调频
与生命中被演练过千万次的场景接轨

风送来昨日
夜来香恍若金银花
少年在远处奔跑
呼朋引伴此起彼伏

露水积攒着勇气
在你路过时奋力绽放
她们纷纷坠落在尘埃里
开出不可思议的花朵

Yellow
Crafts

เขื่อนแม่กวงอุดมธารา

慢

策马徐徐

湖边漫步

灼人光亮终于温柔

待夕阳缓缓变作日暮

湖的对面

坐着一棵古木

风起波澜

黄色木棉仆倒落叶簌簌

习惯了离弦速度

忽遇轻言细诉

统筹方法靠边站

节约时间是天方夜谭

着急的人请先走

此地流行

慢

高山观海

星星若隐若现
芭蕉林摇曳
露水在藤蔓上伸着懒腰
路上没有人
云雾趴在车窗上试探着我们的胆量

上一次听到云雀清越的叫声
是在 2005 年的天台山
上一次看日出
是在 2000 年的泰山
上一次去山洞
是在 1996 年的清凉山
……　……
为什么去一次山里
总是要费一番踌躇

山里真好
云是海

雾是海
稻田也深似海
茅草房外的凉台上
山民面向山川准备早餐
炊烟袅袅热气腾腾
神仙正在人间吃饭

穿过古寺
僧人们的梵呗渐远
太阳奋勇向上攀登
那努力的身姿仿佛我们下的决心
它跃出峻岭峰巅的那一刻
万物皆被恩宠
初日照高林
也照花木
还照潭影
光芒四溢普照平凡你我
…… ……

湄林的花园

一直向北
湄林在曲径深处
黄蝉摩天
繁花开满

周游列国的外交官
回到久违的故乡
做好吃精致的食物
所有的房间都能看见稻田

Maejo 花园
是老夫妇足印的陈列馆
是海的那一端
丰盛细节展览

少有人知的美好
总能迎来
为美跋涉的人
相见即欢

蓝花楹　落满地

光拂浅草

碎叶迎风摇

绿椰林里夕阳穿行

凝神听飞鸟

半山玉佛双垂目

高檐金池映云脚

毕业生合影

三色堇旁青春正怒放

年长者眷顾

空庙堂里余音在歌颂

来此整七年

梦中身　缓缓行

伞上光阴
树上标本
黄昏是灯光师
森林做反光板
自然的臣子
只需要匍匐的身姿
一寸一寸调试
唤出熠熠山川

草坡上的果园里
落下的芒果即是盘中风景
喝一杯加冰的奶茶
看热浪一点一点消退
叶子长在枝头
也刻在地里
花儿开落在同一时刻

怒放和凋谢

都是真的

苔花如米小

也学牡丹开

山里的孩子清清亮亮地唱着古诗

不卑不亢

芬芳自知

有光之处如有神助

无光之处神采自顾

小城故事

烤馕的灶台已经变作了印度服装的仓库

须发尽白的男子在尼泊尔茶店里笑逐颜开地自拍

临街的窗外电线如蛛网

举杯的人饮尽心事

秘而不宣

西西里岛的父亲留下了一墙深邃的眼神

穿梭在客人身边的女儿已经人到中年

手把手教给你

故乡的滋味

这是他唯一的财产

小城故事

每天下午

夕阳西沉的时候

女神都会在这里散步

就是这里

古兰纳剑戟相交的屋檐下

龙船花承载着六月雪的凋落

有人在墙上画出老家的图案

他们漂洋过海 远遁他乡

只是为了离开那些疑问

想念或挣脱

忠诚或背叛

发生在每一个不发声的夜晚

山谷里的咖啡馆

一进山里
我就笑了
清泉流在石上
层叠绿雾扑面
孩子们奔跑在草原

蝴蝶在睡觉
花儿扬起脸
骑着脚踏车穿行在树林
辐条转动的声音
竟然是那么动听

这些被你爱惜着的
那些被人们时时养护着的
守陈推新
归去来后
竟得更多的喜悦……

黄房子

有人离开
就有人到来
离开的人有足够的理由
就像到来的人有足够的原因

看得见风景的黄房子
一楼是咖啡馆
二楼是理发店
老板和员工都足够勤勉
于是我们不仅喝了咖啡
还剪了头发

就在黄房子旁边
曾经有我寻访过的三家咖啡馆
和一个艺术市集
其中一个
地图上写着永久关闭

黄房子

我们不断地奔赴
旧日的风景
却看见潜移默化
物非人非

不变的
是山是树是炎热的节令下清凉的风
变化着的
是你是我是为爱停留抑或被爱耽搁的心

离开也很好
离开会让一切变得不再相同
就像我们重来
在熟悉的地方重获陌生

梦乡

云山迢遥

鲜衣怒马

荒草丛中铃佩叮当

坐车联句

停车写诗

玉辔红缨轻叩大道

光里濯足

光里奔跑

无所事事的清晨

自己给自己放假

去认识庄稼露水和稻草人吧

去跟锦鲤说说话

去给每一朵落花找到家

没有期待

也就不会计较结果

不给世界交卷

就拥有了自己的节奏

唯没有机心

勿令乏少的祝福才会生效

这里不是故乡

这里是梦乡

骊歌

杰西卡

我们都从大山里来

看见晨雾暮霭

云在脚下散步

我们就不由自主地傻笑

我们总是充满惊奇

总是为我们有限的想象力

捶胸顿足

我们也总是赞美

赞美树的身姿鸟的歌喉月色的恬静

以及这颗心的不知疲倦

挥别你的时候

我在酣眠中几乎睁不开眼

我们透明的心里

洪水曾经漫堤

但如今　天明水净

波澜不兴

广袤的田野里

那一队飞驰的白马

烈日下暴走

歇息在佛陀本生壁画下的荫凉

还有驻足在山上斜阳映镜湖的那一刻

黄钟木的落花正簌簌

杰西卡

你望向花儿深深地微笑时

别忘了

她也在向你深深地

深深地微笑

雨

它是十六行文字
它是浩淼的雾中风景
它是碧波是翠竹是黛山
它是白墙是灰瓦是青苔
它是六月里摇落的帘
它是红泥壶釉下彩沏出的绿
它是枇杷杨梅身上的光亮
它是夹竹桃栀子花热烈的眼睛
它是爬行在窗棂上的蜉蝣生物
它是乌篷船和清名桥的沉吟摆渡
它是远远近近的阴晴不定
它是明明昧昧的惶惑探询
它是日子和经文的对照
它是厌离和恻隐的答问
它貌似热闹成群
它何尝热闹成群

辑五

春天在哪里?

在花儿开到杯子里

在新绿化进茶汤里

在孩子的酣眠此刻的悄静里

在没有文字霸占眼睛

没有语言蛊惑心的黄金沉默里

槐花

我的烦恼

不能和人说

怕扰人

不能放到树洞里

怕树愁死

不能对着大海喊出来

怕大海不平

惊涛骇浪

与人不能言说的

与花说

与云说

与虚空说

花是汪洋

云是故乡

而虚空是我们的归处

蔷薇

在有露珠的早晨醒来

在花海的清芬里默默写字

在隐忍和克制里写下疼痛

在无解的道路上平静地走着

每一天都有硝烟

每一天都归于沉寂

沸腾的花儿啊在给自己翻篇儿

夜晚来临的时候

为一切祈祷

祈祷一切经历都能化废为宝

祈祷每一天的结束我们都能化整为零

海棠

有人吹笛
有人向远方颔首微笑
春雪素衣绿意
西府妙年洁白
北方天高
汹涌人潮
消弭缓缓
化于无形

纸鸢在山峦间徜徉
喝茶的人于花下默默
去而复归的是孩子们的脚步
一群失去故园的人
在草坪上踢毽子
那一刻
没有漂泊

五

岭上白云轻轻停

芍药

这是史湘云的季节

空气中能闻到微醺的味道

红云阡陌

怒放天际

梦里甜笑

是因为没有什么可担心的了

不再惦记

即是解缚

满腹心事

化作平淡一句

潜台词

就隐藏在欲言又止的空白里

长镜头

是一个时间很长的镜头吗

不

不仅仅是

它是时间累积到足够长之后

命运呈现的

一个意料之外的启示

Thai Massage

呼吸是多余的

我非常害怕
因为自己稍重的鼻息
把我迟来的爱情惊醒
我轻轻悄悄地在呼吸之外
打量自己绯红的容颜
看见自己的小心笑脸
她是那样的温柔
那样的经不起触及

自从认识你之后
我便消失了我的呼吸
我在自己的身体里寻找
没有发现它曾经存在过的痕迹
我的日记本也从此销声匿迹
大量的笔墨化作了我的眼泪和心跳
那眼泪是你给我的宝石
心跳则是你轻叩芳扉时的脉脉私语

以前

我是我朋友们的生活老师

长着一副可笑的面孔而不自知

我劝诫和安慰过她们所有的辗转和慌乱

今天

我的生活开始了

我才发现

我没有老师

没有人可以劝慰我的紧张和战栗

我眼看着那幅美丽到心痛的爱情画卷舒展开来

在那瞬间

我迅速地失去了所有的控制

没有章法

缺乏理性

感伤澎湃而绵延不绝

让我悄悄的呼吸都成为多余

认识你以后
我突然变成夏日里蛰伏的小虫
天天在家
与世隔绝
来思念你
漫长的时光
在我读秒一般的等待中嘀嘀嗒嗒

你以前是个干什么的

过去
爱情
在我的生活中是个盲区
我快乐而单纯地度过了几乎整个的青春

然后
你来
从此我的生活变成了盲区
分分秒秒我与逝去的韶光赛跑
因为你
我要尽快地绚烂
把沉睡了太久的纯洁献给你
我这么说
心如鹿撞

粉色

这个世界上
什么是粉色系？
是玫瑰
是生日蛋糕
是三两好友的簇拥
还是婚纱照
是孩子
是脱口而出却深思熟虑过的诺言
也是庆典吧
是香槟
是每一个你喜欢的人收到的请柬

粉色
它有些奢侈，也有些惊动人
甜蜜得让人质疑
娇嗔得让人慌乱
轰动的祝福像是即将融化的雪人
让人满抱时又怅惘无名
腻人的跟随像是幼稚园里的米奇玩偶
下班以后就无人认领

不不

粉色

也可以有别的定义

它是一日三餐

是粗瓷碗和布窗帘

是全天候的水暖工和并肩的笑靥

它是不能再加塞的队伍

是过马路一个牵着一个的双人派对

是你翻身时跟随过来的被角

它是无语

也是清谈

是对酌后的微醺

是离开时没有说出来的想念

对对

它是从不表达的木讷和偶尔表达的毫不含糊

它是给你自由愿你欢欣如亲如眷的真实承担

粉色

加一点点清凉

粉色

它是冷静旁观的龙胆

加一点点热烈

它是铮铮幽香的玫瑰

加一点点纯洁

它是干净通透的荷

它是随和的，顺从的

却也是浅淡的，坚定的

它竟是底色

这样的粉

只容得下两个小心的人

无题一

秘密写在不相干的人的台词里面
秘密隐藏于怔忪的片刻时间
秘密吞吐成喉与舌战斗的火焰
秘密就是那背身走
眼泪却夺眶的
一点点感觉

第一次
看见我冷
你开口说
要珍惜身体
因为身体是妈妈给的

要替爱自己的妈妈看护好它
你给我拿来那件灰色的棉衣
在冰雪天的屋檐下面
我们都默默低眉

无题一

第二次
你倒茶
我若无其事的交谈
你却有一丝惊讶
然后你沉着地奉茶
茶很暖
而我们的心都有些遗憾

那一次
你谨慎地回复
字字句句跳入心坎
总是在旁人举杯欢闹的时候
我们穿过人群和光线
遥遥点头，无声无息

你说
如果有一天我们成为山的仆人
我们每天
垂手静立

只是为了扫除落叶

看天光缱绻

我也的确曾经那么地期待

自己是男孩子

有飘逸的纶巾

仅仅同道

也欢欣雀跃

山风那么凉

我们曾一起穿过荒原

却发现前路仍漫漫

有一些知己

相遇，只是为了错肩

微笑，却只能告别

再见，再见

无题一

无题二

若我开口
我就变得轻浮
所以我宁可缄默
我们遇见以前
话已说尽
他人阔论
鼎沸茶声

此刻很好
树影婆娑，阳光温暖
你很柔和，我还年轻
我们喝茶
微笑
危险，只在心里发生

从此以后
不联系
水远山长
没消息

一群人合影

你用了忧伤的表情

我却没心没肺地笑

笑得像个白痴

不是我傻

也不是你所遇非人

那笑也是在告别

隐藏了好

才能不留恋

一

跳舞的尘埃

妄想被荒诞击得粉碎
困扰的忐忑轰然倒下
深陷在有雨的夜里
听不见雨打芭蕉
听不见雨打我窗
深陷在沉沉无梦的身姿
终于睡成了一个“空”字

二

尘埃落定

不再怕了
因为
不再爱
一切
皆已
尘埃落定

你对什么有兴趣
就会在那个上面花费时间
时间会给出答案

真相大白并不需要太久
沸腾过的
只是你和你的幻觉
与其他无关

三

我们都是卑微的尘埃

你说
你的苦难
没有与之相配的美貌
如果有一张漂亮的脸孔
就有了平衡
仿佛爱情只看重颜值
不看重心灵的广袤

关于尘埃的组曲

真想告诉你
那是你的误会
你以为
好看的人没在等待吗
更多的时候
即便她们坐拥玲珑
依然是一粒卑微的尘埃

她们不仅要忍受羞涩
和嫉妒的折磨
也要经历投射无望所托非人
因为漂亮
她们面对更多的陷阱和谎言
因为漂亮
她们奋不顾身伤痕累累
她们更有资格说长一智
确实是需要吃一堑

那些好看的人
她们并不像你想象的那样
拥有川流不息的情感

我又何尝不知道你所经受的那些毫无指望
因为
我们都是那粒卑微的尘埃
无论老天待我们是掉以轻心还是视若珍宝
面对爱情
没有人有把握

实际上
爱情什么都不看重
它是可遇而不可求的瞬间
是错误的人在错误的时候
产生的错觉
错觉停留的时间很短
一旦过去了
剩下的时间都在纠正错觉

不要悲伤
如果想获得解放
就不要为了证明爱情的对错
赌上一生

列席

我们如此挑剔
宁肯孤独
也不愿轻易邀人入席
我们的生命注定是一场盛大表演
谁来配戏，谁来对词
一定要小心筛选

有流水席
食客如过客
门人无数
却无知己

一次次洗牌
只为实力相当
才是尊重
也有空席一场
时间不对
地点不对
来者还在路上
而酒已凉透
也好
圆满本不存在

列席

席，只是一个局

棋逢对手举案齐眉是一种

来者非善所遇非人亦是一种

川流不息空空如也凡此种种

无论哪一个局

都是为了勘破

席之外

天地广阔

东方美人

小绿叶蝉咬啮

五色飞天经行

若得安稳甘甜

需设高贵底线

万仞壁前

一人孤静

有绳之年

学人解脱

五

……

完整

你期待的

正是你错过的

你错过的

成了那些心底的遗憾

遗憾很美

她与你正在经历的

构成了你的完整

锦囊

人生如打怪
道高一尺魔高一丈
一棵稻草抓住另一棵稻草
出不了泥淖

没有救世主
人中王
在于修理自己
路到了尽头
苍凉要用童心解

会遗憾吗
也许会
遗憾是永无餍足的欲望的
另一个别名
……

关于痛苦的断章

一

你有痛苦吗

如果有

你一定有机会看见

不一样的风光

二

愿我们的静默

不是来自痛苦

而是来自心安

三

忽冷忽热的春天

乍暖还寒的春天

就像喜忧参半的日夜
不要担心失去
那些风吹散了的
风也在送回来

四

若人清净
音声清净
愿以清净与人见
彼此不相扰
见即解脱缘

冬天也很好
凛冽的风
暖茶
燃一支读书香
再读《圆觉经》

日光一寸寸地流泻
夜来值班，灯在陪伴
没有节日
冷就是最好的节日
冷可以聚焦
冷可以静
专心耕扫，专心一分一秒
不往来
不寒暄
一个人吃饭
一口一口
细致耐心
音色低下来
声调低下来
把安稳传递给听的人

烟花看见了

鞭炮听见了

有人在赶路

有人在孤独里放逸

照见了这些碎影

看着它们渐渐消散了痕迹

一根针掉落在北京的北方了

那是一楣月下的窗

静下来的时候

时空便消失

生灭便消失

浮现的

是淡淡的喜悦

岭上白云轻轻停

一

记梦

惺惺然醒来
心里突然冒出一句
迟来的幸福似海深
我的心在刹那
如莲花次第开放
富足而赞叹
没有牵挂
没有负担
没有反反复复的追问和要求
只有感激
今天没有人给我打电话
也没有人约我
我安静地在这里
开着紫色的小花

二

蜘蛛

墙壁上有蜘蛛快速地爬过
它每天深夜里在我眼前造访
惊鸿一瞥
它就像一个内心的幻化产物
并不实有
它自我心里迅疾地奔出放风

每次看见它
我都禁不住要悄悄微笑
在无数个白昼侵袭的间隙
只有它
知道我没有和任何人相遇

这面墙壁
没有水渍

没有裂痕

紫色的小花从梦里踱进诗行

又开在墙壁上

那不扰人的昆虫

每日每夜地丈量着小花们

完成它自己的经行

生活是重复吗

不

几乎没有一刻是上一刻的复制

就好像时光绝不会重来

Yesterday 也不会 once more

重来的

皆是旧日盲区

我们一遍一遍弹着练习曲

只是为了

换个角度

了解自己

到清迈去写诗

跋

有时候睡觉睡得半梦半醒时，我常常会有恍惚的感觉。会觉得时间真的是非常奇妙的事物。它是人类对一个莫名其妙的存在而约定俗成的一个说法。人们煞有介事地把时间分成小时、分钟和秒。佛教《大般若经》更是把时间由多到少划分为一日夜、一日、半日、一时、食顷、须臾、俄而、瞬息顷等等。

可是，时间它真的存在吗？

它没有形状，无色无味，看不见摸不着，它统领着这个世上所有的荣枯，见证聚散，冷眼旁观，从不安慰。

据说，在太空里看地球，地球也就如同沙砾那么大，而我们人类渺小得连沙砾都不是，更不要说被我们认真命名和规划的时间和空间了。我们在自己的一方天地里有泪有笑，歌之蹈之的那些经历，在浩瀚的宇宙里，不会掀起一丝波澜。

然而，个体生命里的这些悲欢，又是如此地真实、具体，让人耿耿于怀，难以忘却。

这里面，到底谁是真实的存在呢？

我以前也写过一些诗。

它们数量不多，散落在我的一些散文集里。诗是怎么来的？我已经忘了。

不能用语言表达的，藏在诗里，那些说不清道不明的情感，用浓缩的词汇立个碑。

情到浓时诗自来。非诗不可。

2011 年的 3 月，父亲走了。他毫不畏惧，大步流星的背影，让我痛彻心扉又不敢声张。生命的悬疑再度开启。到了 10 月，命运带我到了清迈。

此前，歌手央金拉姆的专辑《花香飘来时》是在清迈录制的。再之前，邓丽君在那里隐居。据说《小城故事》也唱的是那里。

我曾经读到的阿姜查尊者优美而睿智的文笔《寂静的森林水池》，也是尊者在那里写就。

到清迈干什么？同行的艺术家朋友们要去的是著名的木雕村 Bantawai Village。而我呢？是要逃开母亲的沉默，还是逃开我的忧闷？我并不知道。

那个时候的我还不知道，清迈是泰国的第二大城市，人称“泰北玫瑰”的它，是古兰纳王朝所在地。那里是佛国，五步一个寺庙；那里是热带，茂林繁花；那里有上千家咖啡馆，数不胜数的秘密酒店，深藏在山川中的美好事物……正像一个宝藏一样等待着我。

我也不知道，阿姜查的英国弟子，也正是后来我的女儿珈宝每年冬天在清迈短期游学的国际学校的指导法师。更不知道后来的每一个早晨，上学的孩子们赤着脚，到飞碟状的竹制大厅里要唱诵巴利文的《三皈依》，学校的老师弹起尤克里里，孩子们纯洁的音声像海浪一样此起彼伏，坐在他们身后的我，眼泪竟会不住地掉下来。

无利可图的清迈让我重获生机，我一次又一次地前往那里，像候鸟一样归去。那里不是故乡，是梦乡。在那些来自生命的呼喊与细语的催迫下，一些几乎未加润色和推敲的字句，蓬勃流泻。而这些字句也伴随着珈宝学习《千家诗》《成语故事》和《古代神话》的历程，令我在养育孺童之余，重读经典。有一日，在《千家诗》里看到一段引用注释，似曾相识，深得我心——

夫天地之间，物各有主，苟非吾之所有，虽一毫而莫取。惟江上之清风，与山间之明月，耳得之而为声，目遇之而成色，取之无禁，用之不竭，是造物者之无尽藏也，而吾与子之所共适。

这一段话，竟然是中学时代背得烂熟的一篇，其中“清风徐来水波不兴”一句，后来也常用到。唯独全篇气概，少年懵懂，不解深意。回炉再读，嗒然失笑。想想七年以来之游历，放如绞之心恸于山川四海，人以为逍遥放逸，我独独不语其中缘故。及至读到这段话，真的是百感交集。清风明月无觅处，何劳牵挂到今朝！

那已经谢幕了的一代又一代的人，谁不曾勤奋地生死，认真地困惑，努力地求解？

痛与礼赞，都是我们自我和解的方式。

这种方式，非诗不可。

大龙是我的大学同学，也是知名的“贫穷”影帝，大龙爱音乐，书法尤好，也悄悄写诗。他曾说“能不为了什么爱音乐，真好”，不为了什么，而去笃行深行，这种追求内在的澄净，为我尊敬。

丹阳，是我在拍纪录片时认识的采访对象。她是北京电视台的导演，生过重病，两度从死神手里归来，她从不讳言自己的脆弱和恐惧，用镜头和文字记录自己反省人生破茧而出的经历，她的书《新生日》鼓舞了很多挣扎着却不自明的同行者。

在大山里深一脚浅一脚地行路，有月有星，有云有树，累了喊一声，突然听见深谷里的回声：嗨，我也在这里！那种会心，不言而喻。

谢谢大龙，谢谢丹阳。谢谢你们的理解。

这本诗集的面世，还要感谢 zoooa design。她简明洁净的设计，深得我心。正是她关于有声书的创意——邀请我的朋友和读者来诵读他们喜爱的诗句，生成二维码，用“耳机”的标识来提醒大家，这是一本可以听的书——得到了一致的交口赞叹。对，就是那些在标题后面有二维码和耳机标识的诗，如果你扫码了，就可以听到那些心声。

更要感谢所有参与朗读的好友、读者及家人。他们的声音和信息都藏在二维码里面了。感谢小宝，对角巷乐队的词曲作者及主唱王艺丰给这些诗歌弹奏的 12 首背景音乐，也感谢年轻的旅美作曲家何美臻，为另外 4 首诗配乐并演奏；感谢大学同学，电影录音师龙筱竹做了声音文件的后期处理。

感谢编辑张芹，我们合作了多本书籍，她负责认真，从不懈怠，令人敬重。

在这里，还要特别感谢我在清迈的大姐毕承英、Aloha 姐、梅子姐，好友璐璐、卫玮，以及大象旅读的 Ally 和 Conlin……是你们的分享，令我看到如此丰富生动的清迈。

感谢一切令这些小诗走近你的因缘。

程然

2018 年 8 月 15 日

云上音声　众神开会

图书推荐

《莲花次第开放》

扫一扫，一键购书

作者：程然

一个寻求生命真相的年轻人，历经十年的心路历程，在无数个挣扎成长的暗夜里，不放弃对心灵的内视和自省，不放弃对青春的忠实拷问，细细笔耕出一片别样的田园。她宛如一个你所熟识的朋友，向你完全信任地敞开心扉，让你看到她向善的愿望和努力。其文既有独特的视角，亦有对生命的真诚尊重。

图书推荐

《一心一意来奉茶》

扫一扫，一键购书

作者：程然

《一心一意来奉茶》，并非一本茶艺书。它写的不是茶叶史，也不是茶的知识，它是一本由茶来借喻的散文集。书分三辑，第一专辑“白泥赤印走风尘”写的是作者接触茶的机缘，一茶有一机缘，遇茶如遇人，令人感慨缘法之美妙；第二专辑“一个人的思念”，则是一茶品一人，有写父母亲友的，也有写先烈民众的，个人悲欢、时代情愫由一盏茶跃然笔端；第三专辑“琴瑟琵琶，妙指而发”，则臻入禅境，品茶谈修行，杯水中见了佛教大藏。

图书推荐

《不可戏谑的时光》

扫一扫，一键购书

作者：程然

《不可戏谑的时光》，第一版书名为《曼陀罗的舞蹈》。时隔七年，重新修订出版。这是一本写爱的书，是作者自我安慰时的一些努力。这次再版，作者进行了较大程度修订。《不可戏谑的时光》，是孤单行路者的一个伙伴。她倾诉，也倾听。在不相识的岁月长河里，她是友善的怀抱。

图书推荐

《一楣月下窗》

作者：程然

扫一扫，一键购书

《一楣月下窗》的前身是《迦陵频伽》，因为再版的缘故，改名为此。是的，迦陵频伽是一只神鸟，有最悦耳的歌声，据说其音和雅，听者无厌。这本书有六个专辑：“仿佛听到地藏王”部分是和雅心音；“一楣月下窗”部分是诗心；“时光手里的牌”部分是由回乡引出的关于老 、关于告别、关于愧疚的一些感喟；“云朵在歌唱”部分是行脚札记；“关山”部分是 2007 年到 2010 年这三年的泅渡自语；“走到雷音去”部分则是一组借他人书画抒心中块垒的文字。林林总总，是散文，也是内心的映现。

作者：程然

《空山煮茶记》是一本由茶起意，观照内心修为，观察外部世界的散文集。在这个充满浮华的世界，作家程然有一份难得的强烈的自省，追求一种向内而安的生活状态。在品茶、赏茶、寻茶，访庙、寻僧的过程中，她用优美空灵的笔触，将其心中对禅的理解尽心描摹，把禅以一种平和又超然的姿态呈现于读者眼前。她的文字清新自然，发自内心，娓娓道来，真实感人。